LA

CHAIRE D'HÉBREU

AU

COLLÉGE DE FRANCE

PARIS
IMPRIMERIE DE L. TINTERLIN ET Cᵉ
rue Neuve-des-Bons-Enfants

ERNEST RENAN

MEMBRE DE L'INSTITUT

LA CHAIRE D'HÉBREU AU COLLÉGE DE FRANCE

EXPLICATIONS A MES COLLÈGUES

DEUXIÈME ÉDITION

PARIS
MICHEL LÉVY FRÈRES, LIBRAIRES-ÉDITEURS
RUE VIVIENNE, 2 BIS, ET BOULEVARD DES ITALIENS, 15
A LA LIBRAIRIE NOUVELLE

1862

A MESSIEURS

LES PROFESSEURS

DU

COLLÉGE DE FRANCE

Paris, 15 Juillet 1862.

MESSIEURS ET SAVANTS COLLÈGUES,

L'espérance que je conservais encore, il y a quelques jours, de rouvrir mon cours en ce semestre, ne s'est pas réalisée. La pensée que mon nom pourra rester attaché, dans l'histoire du Collége de France, à un incident restrictif de nos libertés, est pour moi la cause d'un véritable regret. Je suis obligé de vous dire en peu de mots à quel point de vue je me place pour croire qu'en tout ce qui s'est passé je n'ai pas manqué à mes devoirs.

Quatre reproches m'ont été adressés. On a trouvé fâcheux que je me sois obstiné à poursuivre une chaire où je devais m'attendre à de graves difficultés. On m'a blâmé d'avoir fait, à l'ouverture du cours, une leçon d'un caractère général. On a critiqué et le sujet que j'avais choisi pour la première leçon, et la manière dont j'ai traité ce sujet. Il n'est pas dans mon caractère de me poser en infaillible. Je respecte tous les jugements sincères; je désire seulement que l'on sache de quels principes je suis parti, et que, si l'on réprouve ces principes, on m'épargne du moins l'accusation de légèreté.

I

Pourquoi j'ai aspiré à la chaire d'hébreu au Collége de France.

Vous savez comment la chaire de *Langues hébraïque, chaldaïque et syriaque* devint vacante, en septembre 1857, par la mort si regrettable de M. Etienne Quatremère. Tout en reconnaissant ce qui me manquait pour succéder à ce docte orientaliste, je crus devoir me porter comme candidat à la chaire qu'il avait occupée. Je vous rendis les visites d'usage, et vous informai de mes intentions, pour le cas où les présentations seraient demandées. En cela, je ne faisais que suivre un dessein depuis longtemps arrêté. J'ai toujours donné pour but à ma carrière scientifique de contribuer selon mes forces à relever les études sémitiques anciennes de l'abaissement où, malgré d'honorables exceptions, elles sont restées, en France, depuis Richard Simon. De bonne heure je reconnus que l'infériorité critique de la France, au dix-huitième siècle et au commencement du dix-neuvième, surtout quand il s'agit de la haute antiquité, tenait à la faiblesse de ces études parmi nous. Maîtresse des sciences historiques jusqu'à la révocation de l'édit de Nantes, la France, depuis cette fatale époque, lègue à la Hollande et à l'Allemagne le soin de continuer l'œuvre qu'elle avait si glorieusement commencée. Il y a là un grand arriéré de deux siècles à réparer. Ceux qui me connaissent me rendront cette justice, que ce dont j'ai une fois embrassé la pensée comme un devoir, je ne l'abandonne pas. Je pris avec moi-même l'engagement de ne jamais accepter d'autre chaire que celle pour laquelle je me croyais une vocation spéciale. Pendant quatre années, du reste, la question fut écartée; M. le ministre ne crut pas devoir immédiatement pourvoir à la chaire. Usant du droit que lui confèrent les règlements actuels du Collége, il ne demanda pas les présentations, et il nomma un chargé de cours.

En août 1861, au moment où je prenais un peu de repos dans le Liban, je reçus une bienveillante communication qui m'autorisait à prétendre, pour l'époque de mon retour en France, à une place parmi vous. J'accueillis comme je le devais une ouverture si conforme à mes désirs. Le Collége de France est la plus belle partie de notre système d'enseignement, et, selon moi, le principal contre-poids à ses défauts. Appartenir à ce grand établissement, qui représente le progrès de la science libre, avait toujours été mon ambition. Mais je répondis en même temps que je n'accepterais jamais qu'une seule chaire, celle pour laquelle j'avais déjà fait auprès de MM. les professeurs des démarches de candidat, celle qui était devenue vacante par la mort de M. Quatremère. J'avais alors pour unique conseil ma sœur bien-aimée, qui devait, quelques jours après, expirer près de moi. Cette personne, d'un jugement si sûr et si purement gouvernée par les considérations de l'ordre moral, me dit que je ne devais pas céder, quelles que fussent les difficultés. Je n'ai jamais eu beaucoup de goût pour les petites habiletés qui forment souvent le tissu des vies les plus honnêtes; tous les avantages de ce monde ne me semblent pas valoir la peine qu'on dévie tant soit peu de ce que l'on croit le bien. Une année de commerce continu avec l'antiquité, et la méditation des grands problèmes historiques qui me préoccupaient en ce moment, ne firent que fortifier en moi une telle disposition. La perte de ma courageuse compagne m'attacha plus que jamais aux études qui m'avaient coûté si cher. A mon retour en France, je vis une sorte de révélation impérative dans le conseil d'une amie qui ne m'apparaissait plus qu'environnée du nimbe sacré de la mort.

M. le Ministre comprit, du reste, qu'une nomination entourée des formes ordinaires et provoquée par votre suffrage, couvrait mieux sa responsabilité. Il vous demanda les présentations, conformément aux usages. Vous m'accordâtes l'insigne faveur de me placer en première ligne. L'Académie des Inscriptions et Belles-Lettres me fit le même honneur. Prenant acte de ces deux présentations, M. le Ministre voulut bien proposer ma nomination à S. M. l'Empereur, qui, par un décret du 11 janvier 1862, daigna la ratifier.

II

Nature de la chaire d'hébreu au Collége de France.

Le décret parut au *Moniteur*, accompagné d'un rapport où M. le Ministre exposait la nature de la chaire à laquelle il s'agissait de pourvoir. La rédaction de ce rapport n'était pas de tout point celle que j'eusse préférée; mais rien n'était changé au programme de la chaire. Il est clair, en effet, que si de tels changements eussent été dans l'intention de M. le Ministre, ils eussent dû être faits avant les présentations. C'est à la chaire de M. Quatremère, telle que M. Quatremère l'avait possédée, que j'avais aspiré et que votre suffrage m'avait désigné. Le Ministre a le droit de changer la nature des chaires du Collége de France; mais, dans ce cas, il ne demande pas de présentations, et en supposant que pour s'éclairer il jugeât à propos de le faire, il va sans le dire qu'il devrait préalablement vous avertir que la chaire à laquelle il vous invite à présenter n'est plus ce qu'elle avait été jusque-là. Comment présenter des candidats à un enseignement dont on ignore la nature? Comment le candidat lui-même peut-il prétendre à une chaire dont le programme ne serait pas fixé? Qui sait s'il se fût présenté dans les conditions nouvelles qu'on introduirait inopinément le jour de la nomination? Le rapport de M. le Ministre à l'Empereur laissait donc à la chaire sa parfaite identité. Il exprimait suffisamment des idées sur lesquelles nous étions d'accord. Ces idées, du reste, étaient si simples, qu'elles devaient se présenter d'elles-mêmes à tout bon esprit. Les voici :

Les livres qui doivent servir de texte à des leçons de *langues hébraïque, chaldaïque et syriaque* sont en grande partie des livres sacrés. Les cultes israélite, catholique, protestant, y cherchent des dogmes, des prières, des consolations religieuses, les fondements d'une Histoire Sainte, un aliment pour la piété. L'État manquerait à ses devoirs, s'il cherchait à troubler les âmes dans ces pieuses méditations. L'enseignement religieux à tous ses degrés jouit de la liberté la plus absolue. Dans les facultés de théologie catholique et protestante, dans les séminaires rabbiniques, des professeurs, choisis ou agréés par l'autorité religieuse compétente, enseignent l'hébreu, défendent les interprétations traditionnelles et demandent aux livres antiques la raison des croyances reçues par chaque communion.

Il est évident qu'un tel ordre de discussions ne peut trouver sa place au Collége de France. Quand on recherche les intentions si justes et si élevées du roi François Ier, lors de la fondation de ce bel établissement, on trouve que, dans la pensée du fondateur, ce fut avant tout une institution laïque et indépendante. Il s'agissait de créer, en dehors de la Sorbonne, liée par ses traditions, un terrain libre, où, sous la protection du chef de l'État, fauteur naturel de tout ce qui est noble et grand, les études qui passaient, au seizième siècle, pour des nouveautés hardies, pussent trouver à se développer. Le Collége de France n'a jamais eu de chaire théologique. S'il a toujours eu un enseignement de l'hébreu, c'est que les vieux textes écrits dans cette langue, en même temps qu'ils sont des livres sacrés pour le théologien, sont pour le savant un objet d'importantes recherches. Ils sont *la Bible*; mais ils sont aussi *la littérature hébraïque*. Au premier point de vue, ils n'appartiennent pas à l'enseignement laïque ; au second, ils en sont une partie essentielle. Plus que jamais, de nos jours, un tel enseignement a besoin d'être maintenu et élargi, au milieu du grand mouvement d'études comparatives qui a renouvelé l'histoire ancienne. Ces études, quand elles s'appliquent au monde sémitique, ne peuvent pas plus se passer d'un cours d'hébreu que l'étude comparative des langues indo-européennes ne peut se passer d'un cours de sanscrit. La philologie comparée, l'histoire, l'archéologie, l'ethnographie seraient incomplètes, si le plus précieux répertoire de faits que nous possédions sur la haute antiquité leur était interdit.

La mission du professeur de *langues hébraïque, chaldaïque et syriaque*, au Collége de France, se trouve ainsi nettement définie. Il manquerait à ses devoirs s'il s'égarait dans des discussions dogmatiques qui appartiennent à un autre enseignement, s'il faisait de la polémique pour ou contre les croyances qu'on a tirées des textes qu'il est chargé d'expliquer. Il se conformera à son programme, s'il envisage ces textes en historien, en littérateur, en philologue. Pour lui, il ne s'agira pas de défendre ou d'attaquer telle ou telle croyance ; il s'agira de travailler au progrès d'une des parties les plus importantes de la science comparée des langues et des littératures. Sans doute, il se croira obligé à quelque chose de plus ; en traitant comme historien et comme savant des choses religieuses, il gardera toujours cette gravité, ce respect qui sont un devoir quand on touche aux sources de la foi de plusieurs. Mais cette condition remplie, il n'y a plus de limites à ses droits. Si un professeur a pour devoir évident de ne pas sortir de son programme, il ne peut, dans l'intérieur de son programme, accepter de restrictions sans manquer à la première de ses obligations, qui est l'absolue sincérité.

La chaire de *langues hébraïque, chaldaïque et syriaque*, au Collége de France, est donc une chaire purement profane, une chaire scientifique et non théologique, une chaire philologique et historique, non dogmatique. Il ne s'y agit pas de défendre ou de combattre les explications de la Bible données par les différents cultes, mais de discuter, sans dogmatisme, ce que la science indépendante sait de plus probable sur ces textes, en tout cas, si antiques et si curieux. La diversité même des interprétations théologiques ferait une loi au professeur de ne pas sortir d'un tel programme ; car il n'est pas de passage important sur lequel les interprètes juifs, catholiques, protestants, soient d'accord. Vouloir satisfaire à la fois ces exigences opposées est impossible. Et pourtant, le juif, le catholique, le protestant ont également droit d'exiger que, dans un établissement neutre, leurs croyances ne soient pas systématiquement sacrifiées à une autre croyance religieuse. Un seul parti reste donc à prendre, c'est de ne chercher à contenter que la science sans s'imposer d'être d'accord avec les théologiens, mais sans traduire son dissentiment en polémique directe ; c'est de poser comme certain ce qui est certain, comme douteux ce qui est douteux, et de laisser aux théologiens des différents cultes le soin de défendre leurs explications quand ils les croient compromises par les résultats scientifiques. Ce n'est ici ni une chaire de polémique ni une chaire d'apologétique ; c'est une chaire de philologie, naturellement en renfermant sous ce mot tous les développements qui touchent à l'histoire dans son sens le plus élevé.

Et qu'on ne dise pas que la théologie à son tour devrait avoir une chaire pour maintenir les explications traditionnelles. Veut-on parler de la théologie juive, de la théologie protestante ou de la théologie catholique ? S'il s'agit de cette dernière, elle doit être satisfaite. A deux pas du Collége de France, à la Sorbonne et dans les mêmes conditions de publicité qu'au Collége de France, les catholiques qui veulent apprendre l'hébreu, sans rien entendre qui puisse contredire leur croyance, ont le cours de M. l'abbé Bargès, et de plus le cours d'Écriture Sainte, expressément consacré à exposer et à défendre l'exégèse catholique. Certes, si quelqu'un peut se plaindre ici, ce sont les juifs et les protestants, qui voient l'État entretenir une chaire publique pour l'exégèse de leurs adversaires, sans jouir eux-mêmes du même privilége. L'égalité des cultes ne sera parfaite que quand la Faculté de Théologie sera mixte et possédera en particulier des chaires d'exégèse juive et d'exégèse protestante. Quant au Collége de France, aucun culte n'a particulièrement le droit de s'y faire entendre, vu que cet établissement est, comme la Loi, indifférent à tous les cultes.

Est-ce à dire que le professeur devra s'interdire dans la chaire dont il s'agit de toucher aux choses religieuses? Cela est absolument impossible, d'abord parce que tout enseignement, quel qu'il soit, serait abaissé s'il fallait observer une telle interdiction, et, en second lieu, par un motif tiré de la nature spéciale de la chaire. La littérature hébraïque n'a pas un seul écrit qui ne soit considéré comme religieux. La religion est le côté essentiel de l'histoire du peuple juif. Autant vaudrait, quand il s'agit des Grecs, s'interdire de parler d'art et de littérature. Le professeur d'hébreu, en un sens, parlera toujours de religion; mais il n'en parlera jamais d'une façon dogmatique. Il n'aura pas d'opinion sur la vérité des dogmes. Il ne s'occupera pas de savoir si c'est à tort ou à raison que l'on conclut de tel passage tel dogme accepté comme révélé ; il cherchera purement et simplement ce que signifie le passage. Il ne fera pas une série de leçons pour ou contre les prophéties prétendues messianiques ; il ne se croira pas obligé d'accepter ces interprétations, s'il ne les trouve pas solides. Il aura tort, s'il fait un cours pour nier la divinité de certains faits; il sera dans son droit en parlant de ces faits, comme s'il ne les croyait pas divins. Jamais on ne le surprendra discutant des dogmes. Jamais un dogme ne le fera dévier de l'explication qu'il regarde comme la vraie. Sa position, en un mot, est fort analogue à celle du professeur de sanscrit. Quand Eugène Burnouf expliquait le Code de Manou ou les écrits bouddhiques, il ne cherchait pas si le commentateur Kulluka-Bhatta a été un bon canoniste, il ne faisait pas de controverse pour ou contre les dogmes bouddhiques. Si Burnouf avait fait une leçon pour prouver que Çakya-Mouni n'arriva jamais, quoi qu'en disent les bouddhistes, à l'état de Bodhisattva, on aurait eu le droit d'être surpris. Mais si, tout en parlant de Çakya-Mouni avec admiration, il se fût exprimé d'une façon qui n'impliquât pas les attributs transcendants que ses disciples lui prêtent, personne ne lui en eût fait un reproche. Un bouddhiste, arrivant à son cours, eût été blessé de cette hétérodoxie ; voilà tout. L'objet du professeur n'était pas de réfuter les bouddhistes ; son devoir n'était pas non plus de les satisfaire.

En d'autres termes, il n'y a pas et il n'est pas opportun qu'il y ait au Collége de France une chaire consacrée à attaquer ou à défendre les différents cultes. Ces controverses doivent être permises, mais leur place n'est pas dans les établissements de l'État. Le professeur des établissements de l'État ignore s'il y a au monde des théologiens. Il ne se dérange ni pour les éviter, ni pour les heurter. Sa position est toute neutre, comme celle de l'État lui-même, dans les questions religieuses. Le respect en pareille matière ne saurait consister à contenter tout le monde (ce qui ne se pourrait obtenir qu'en faisant fléchir l'esprit scientifique), ni à passer sous silence les points susceptibles de blesser quelque opinion (ce qui serait tout amoindrir) ; il consiste dans la convenance du ton, dans une certaine manière grave et sympathique, qui convient à l'histoire religieuse, et surtout dans le principal hommage que réclame la vérité, dans l'acte souverainement religieux, qui est la sincérité.

Tel est le champ ouvert devant le professeur d'hébreu au Collége de France. Il nous reste à chercher quelle doit être la forme de son enseignement. La tradition ici est constante. Depuis le seizième siècle, cette chaire a été une chaire spéciale. L'usage et la raison ont introduit dans notre enseignement supérieur deux sortes de cours, les uns, destinés à transmettre la connaissance des méthodes scientifiques, et, par conséquent, ne s'adressant qu'à un petit nombre; les autres, roulant sur des généralités susceptibles d'intéresser un nombreux auditoire. Ce genre brillant, créé dans la première moitié de notre siècle par des hommes éminents, est une des gloires de l'esprit français. Il faut le maintenir, si l'on sait trouver les hommes de talent nécessaires pour cela. Mais il ne faut pas que cet enseignement, qui, par la force des choses, sera toujours un peu sommaire, fasse délaisser les études spéciales, sans lesquelles toute culture intellectuelle dégénère en lieux-communs et en banalités. La place d'un tel enseignement est dans les Facultés, mais non au Collége de France. Ce grand établissement n'a de raison d'être qu'à condition d'être l'établissement des enseignements analytiques et minutieux. Transmettre le dépôt des connaissances acquises, charmer et instruire les gens du monde, voilà le but des Facultés; former des savants, voilà le but du Collége de France. Indépendant de l'Université, n'aspirant pas à représenter un cadre complet d'enseignement, notre Collége est une sorte d'annexe de l'Institut, uniquement préoccupé des progrès théoriques de la science et d'ordinaire sans relations avec le public. A cet égard, mes idées n'ont jamais varié (1). « Dans l'accomplissement de ma tâche, disais-je en ma première leçon, vous me permettrez de descendre jusqu'aux plus menus détails, et d'être habituellement technique et austère. La science n'atteint son but sacré, qui est la découverte de la vérité, qu'à condition d'être spéciale et rigoureuse. Tout le monde n'est pas destiné à être chimiste, physicien, philologue, à s'enfermer dans des laboratoires, à suivre, durant des années, une expérience ou un calcul; tout le monde participe cependant des grands résultats philosophiques de la chimie, de la physique, de la philologie. Présenter ces résultats dégagés de l'appareil qui a servi à les découvrir, est une chose utile et que la science ne doit pas s'interdire. Mais telle n'est pas la destination du Collége de France; tout l'appareil de la science la plus spéciale et la plus minutieuse doit être ici déployé. Des démonstrations laborieuses, de patientes analyses, n'excluant, il est vrai, aucun développement général, aucune digression légitime, tel est le programme de ces cours. C'est le laboratoire même de la science philologique qui est ouvert

(1) Voir *le Journal des Débats* du 5 juin 1856, où, à propos de Ramus, j'exposais mes vues sur le Collége de France et la nature de son enseignement.

au public, pour que des vocations spéciales se forment et que les personnes du monde puissent se faire une idée des moyens qu'on emploie pour arriver à la vérité (1). »

« Depuis Vatable et Mercier, écrivais-je le lendemain (2), jusqu'à M. Quatremère, la chaire à laquelle j'ai eu l'honneur d'être présenté et nommé, a offert un caractère technique et spécial. Sans enchaîner en aucune façon ma liberté ni celle de mes successeurs, je croirais rendre un mauvais service à la science en sortant habituellement de cette respectable tradition. Que deviendront les études sérieuses si elles n'ont au Collége de France un sanctuaire inviolable? Que deviendra la haute culture de l'esprit humain, si les expositions générales, seules admises en présence d'un public nombreux, étouffaient les enseignements d'une forme plus sévère, dans un établissement surtout qui est destiné à continuer l'école des grands travaux scientifiques? Je serais tout à fait coupable, si on pouvait m'accuser dans l'avenir d'avoir contribué à un tel changement. Le progrès de la science est compromis si nous ne revenons aux longues réflexions, si chacun croit remplir les devoirs de la vie en ayant à l'aveugle sur toutes choses les opinions d'un parti; si la légèreté, les opinions exclusives, les façons tranchantes et péremptoires viennent supprimer les problèmes au lieu de les résoudre. Oh! que les pères de l'esprit moderne comprenaient mieux la sainteté de la pensée! Grandes et vénérables figures des Reuchlin, des Henri Estienne, des Casaubon, des Descartes, levez-vous pour nous apprendre quel prix vous faisiez de la vérité, par quels labeurs vous saviez l'atteindre, ce que vous souffrîtes pour elle. Ce sont des spéculations comprises de vingt personnes au dix-septième siècle, qui ont changé de fond en comble les idées des nations civilisées sur l'univers ; ce sont les travaux obscurs de quelques pauvres érudits du seizième siècle qui ont fondé la critique historique et préparé une totale révolution dans les idées sur le passé de l'humanité. »

Assurément, cela ne veut pas dire que les généralités nous soient interdites. Cela veut dire qu'elles doivent être amenées

(1) *Leçon d'ouverture*, p. 8-9.

(2) *Ibid.* Préface datée du 23 février et insérée dans *le Journal des Débats* du 26. L'arrêté de suspension est du 27.

par l'étude directe des faits, que le cadre de l'enseignement doit être le plus ordinairement philologique. Ici j'aime encore à prendre Burnouf pour mon modèle : « C'est à l'étude de la langue, disait-il dans sa première leçon (1), que nous appliquerons ensemble ce que nous avons de constance et de zèle... Osons le dire cependant : si ce cours doit être consacré à la philologie, nous n'en bannirons pas pour cela l'étude des faits et des idées... C'est plus que l'Inde, Messieurs ; c'est une page des origines du monde, de l'histoire primitive de l'esprit humain que nous essaierons de déchiffrer ensemble... Il n'y a pas de philologie véritable sans philosophie et sans histoire. » Je n'ai rien voulu de plus, et je terminais ma première leçon en annonçant que nos entretiens ultérieurs seraient consacrés à la philologie hébraïque la plus sévère (2). Mon programme, deux fois reproduit par les affiches officielles, suffisait, du reste, pour en faire foi.

A Dieu ne plaise que je songe à restreindre nos droits ! La liberté est la loi de notre établissement. Aucun règlement ne fixe la manière dont un professeur au Collége de France doit faire son cours, ni le nombre de ses auditeurs. Rien n'empêche le professeur au Collége de France, même dans la chaire la plus spéciale, de donner, s'il le croit utile au progrès de la science, une série de leçons générales. S'il avait plû à Burnouf de faire un cours sur l'histoire de la littérature hindoue, personne assurément n'aurait songé à le lui interdire. Mais avec raison il ne le jugea pas à propos. De tels enseignements, excluant par leur nature l'analyse des détails, doivent être rares chez nous. Dans l'état actuel des études hébraïques en France, je ne crois pas que des leçons de ce genre puissent être très-fructueuses : ce qu'il faut avant tout, c'est une rigoureuse philologie, une discussion précise, portant sur des faits déterminés. On verra plus tard s'il est temps, pour une partie de ces études, de procéder, ainsi qu'on le fait dans l'enseignement des littératures classiques, sous forme d'histoire littéraire et par grands exposés.

(1) *Revue des Deux-Mondes*, 2e série, t. Ier, p. 237-38.
(2) *Leçon d'ouverture*, p. 30.

III

Pourquoi j'ai fait une leçon d'ouverture d'un caractère général.

Voilà le programme de la chaire que j'ai recherchée et obtenue, programme déterminé, bien avant qu'il ne fût question de me la confier, par les lois constitutives du Collége de France et par le titre même de la chaire ; programme que M. le ministre, dans son rapport du 11 janvier, voulut définir et non modifier. Ai-je manqué à ce programme ? Telle est la question sur laquelle je vais maintenant vous communiquer mes réflexions.

Un usage général veut que la première leçon, dans les chaires les plus spéciales, ne ressemble pas aux autres. Cette leçon attire des personnes qui n'ont pas l'intention de suivre la série entière des leçons techniques ; il est si naturel de commencer toute entreprise intellectuelle par quelques propos d'un caractère général, que celui qui y manquerait, surtout s'il a composé des écrits arrivés à quelque publicité, passerait pour se singulariser. La dernière ouverture d'un cours de ce genre est, je crois, celle de M. de Rougé. On peut lire dans le *Moniteur* (1) le «*Discours*» qu'il prononça, en cette circonstance, sur les résultats généraux des études égyptiennes. On trouvera dans la *Revue des Deux-Mondes* (2) l'excellente première leçon d'Eugène Burnouf. Ce n'est pas là une obligation, c'est un usage. J'avais toujours eu l'intention de m'y conformer. Si j'y eusse renoncé, une circonstance particulière eût donné à cette dérogation une couleur que je ne pouvais accepter.

Il fut de notoriété publique, dans les semaines qui suivirent ma nomination, que des personnes exprimaient l'intention d'empêcher mon cours de se faire. Ces personnes agissaient par des motifs tout à fait opposés : les unes, possédées de ce fâcheux esprit qui a toujours rendu la liberté impossible en

(1) 2 Mai 1860.
(2) 1er février 1833.

France, esprit d'intolérance et d'exclusion, qui fait que l'on ne se contente jamais de la liberté pour soi, si l'on n'opprime en même temps celle des autres, ne pouvaient supporter de voir l'explication de livres qu'elles tenaient pour sacrés, confiée à un professeur qui ne partageait pas leurs croyances surnaturalistes. D'autres, méconnaissant totalement mon caractère et me blâmant d'avoir accepté des rapports avec un gouvernement dont je n'approuve pas tous les principes, toutes les tendances et tous les actes, s'imaginèrent que je n'avais obtenu cette chaire qu'en faisant le sacrifice de mes idées. Certes, j'ai trop peu de souci de l'opinion passagère, et je l'ai trop souvent dédaignée pour que de tels malentendus m'eussent fait modifier en quelque chose la ligne que je m'étais tracée. Je ne crois pas à l'efficacité des calomnies; je n'y réponds jamais; car je suis persuadé que pour les esprits sérieux (les seuls dont l'opinion compte) la droiture de l'honnête homme se révèle toujours. Si l'usage du discours d'ouverture n'eût pas été établi, je ne l'eusse pas inventé. Mais, cet usage existant, y manquer, c'était reculer devant une menace, c'était donner raison à ceux qui soutenaient que je n'oserais pas avouer mes principes; c'était faire une concession à la pression du dehors; car il est bien certain que si mon cours se fût ouvert dans des circonstances calmes, j'eusse débuté par une leçon inaugurale. Fidèle à mon principe de ne jamais provoquer, mais aussi de ne jamais reculer devant la provocation, je résolus de faire une première leçon dans les données ordinaires, de l'écrire, afin de bien constater que je n'accordais rien à l'imprévu, de la composer enfin comme si j'avais dû avoir pour auditoire quarante personnes déjà initiées à ces études et y prenant de l'intérêt.

Je mis le même scrupule à me conformer aux usages sur la publicité et le local. Les rédacteurs du *Journal des Débats* ont l'habitude d'y annoncer par une note l'ouverture de leur cours; je fis comme les autres, mais rien de plus. Ma première intention avait été de m'établir tout d'abord dans la salle de M. Quatremère, salle pouvant contenir une trentaine d'auditeurs, et qui semble devoir longtemps être suffisante pour réunir les personnes qui, à Paris, veulent sérieusement apprendre l'hébreu. Mais quand il me fut démontré qu'un public considérable se présenterait, quand je me fus assuré que les derniers discours d'ouverture, en particulier celui de M. de Rougé, avaient été prononcés dans des amphithéâtres plus vastes que celui qui sert d'ordinaire au professeur, je me décidai à prendre la plus grande salle qui serait vacante à l'heure marquée pour mon cours. Je ne fis aucun appel; je laissai l'auditoire se former de lui-même; je ne sus rien des mesures d'ordre que prit l'autorité

Ce qu'on pouvait prévoir arriva. Le meilleur moyen de dissiper les malentendus, est d'être sincère. Les ligues et les cabales reposent presque toujours sur l'équivoque. Or, l'équivoque ne tient jamais devant la franchise et la droiture. A peine eus-je mis un auditoire incertain en présence de deux ou trois phrases caractérisées, disant nettement ce qu'elles voulaient dire, que toutes les coalitions cessèrent. Il y eut une opposition, mais représentée par une faible minorité. Je remercie la jeunesse française du concours qu'elle me prêta ce jour-là. Le tact et la justesse d'esprit que je trouvai devant moi me frappèrent. Avec une pénétration que les libéraux les plus habiles n'eurent pas toujours, mes jeunes auditeurs virent que le dogmatisme étroit et intolérant est le plus grand ennemi de la liberté. Grâce à leur intelligent appui, il fut démontré que le fanatisme ne prévaudra jamais en France contre l'esprit scientifique; que jamais les ennemis de la discussion n'entraîneront le public à un acte d'intolérance. En ce sens, la journée fut bonne pour la liberté, et je suis fier d'en avoir été l'occasion.

Fut-elle fâcheuse pour notre Collége, et l'idéal que nous devons poursuivre est-ce un calme absolu, en dehors de toutes les luttes qui partagent les hommes? Je ne le pense pas. Certes, nous ne devons jamais nous laisser aller à cette manière frivole où le professeur pactise avec la légèreté de son auditoire, et cherche à lui plaire par des traits d'esprit d'un goût équivoque. Encore moins devons-nous subir les passions du public et rechercher ses applaudissements par des condescendances. Notre mission n'est pas l'éclat et le bruit; mais ce n'est pas non plus l'inoffensive quiétude de la médiocrité. Notre devoir est de rester toujours froids; mais il ne dépend pas de nous que le public nous oublie. Le seizième siècle, notre époque héroïque, vit les passions provoquées par nos leçons aller jusqu'à l'assassinat. Effacerezvous de vos annales les noms de Ramus, de Denis Lambin, de Mercier, parce que la mort, l'exil, les persécutions se mêlent à leur souvenir? La seule époque fâcheuse pour la gloire de notre établissement est la seconde moitié du dix-septième siècle et le commencement du dix-huitième, où personne ne parla de lui. C'est alors que, par suite de l'abaissement de l'esprit scientifique en France, nos chaires deviennent des titres de pensions, que les ministres distribuent à leurs médecins ou aux précepteurs de leurs enfants. Dieu nous préserve d'acheter la paix à ce prix. Ne nous occupons du public, ni pour flatter ses préjugés, ni pour combattre l'intérêt légitime qu'il porte à nos études. Nous touchons à tout ce qu'il y a de plus profond dans l'âme humaine, aux seuls intérêts qui vaillent la peine qu'on s'y attache. Quelque sérieux que nous apportions à nos devoirs, si nous les accomplissons avec force et profondeur, on fera attention à nous, on prendra parti pour ou contre nous.

Voilà les motifs pour lesquels je ne suivis pas les conseils de personnes, fort sages, du reste, qui voulaient que, dès ma première leçon, je prisse la petite salle et abordasse les détails techniques. Il me reste à examiner deux points : Devais-je choisir, pour ma première leçon, un autre sujet que celui que j'ai choisi? Devais-je traiter celui que j'ai choisi d'une autre façon que je ne l'ai fait?

IV

Comment, dans ma première leçon, j'ai dû parler des origines du Christianisme.

Le sujet d'une leçon d'ouverture pour un cours de langue est en quelque sorte tout indiqué. Le professeur n'a de choix qu'entre deux sujets : ou bien il rappelle le souvenir du professeur auquel il succède; ou bien il expose l'état des études qu'il doit continuer, les traits généraux des littératures qu'il est chargé d'expliquer, le rôle historique des peuples dont les archives lui sont en quelque sorte confiées. Le premier de ces sujets m'était interdit, l'éloge de M. Quatremère ayant déjà été prononcé au Collége de France par le savant que M. le Ministre chargea du cours en 1857. J'étais donc amené forcément à traiter les généralités des études sémitiques. On ne niera pas, j'espère, que je l'aie fait avec toute la gravité réclamée par le sujet. On m'a reproché seulement d'avoir donné à mon cadre une extension qui m'amenait à toucher les origines du Christianisme, et d'avoir employé, en parlant de ces origines, une expression qui renfermait la négation de l'un des dogmes fondamentaux de tous les cultes chrétiens.

Il n'est pas dans mes habitudes de rapetisser les sujets. Or, présenter l'histoire générale du développement de l'esprit sémitique sans dire un mot du Christianisme, en vérité, n'était-ce pas supprimer l'âme même de mon discours? Autant vaudrait permettre au botaniste de parler de la racine, mais lui défendre d'analyser la fleur et le fruit. Le judaïsme ne tient une si grande place dans l'histoire du monde que grâce au Christianisme. L'islamisme ne s'explique pas sans les deux religions qui l'ont précédé. Le Christianisme est ainsi le nœud de toute la destinée des peuples sémitiques. Or, le Christianisme n'est pas une œuvre anonyme. Ne pas prononcer le nom de son illustre fondateur, se renfermer dans ces phrases banales où l'on a l'air de n'admettre pour acteurs dans l'histoire que des abstractions, c'est assurément le plus étrange abus du respect, si ce n'est pas une ironie. J'ai renoncé à ces formules vagues et fausses, qui ont prêté dans le livre de M. Strauss à un si bizarre malentendu. Le dernier résultat de mes réflexions a été d'apercevoir la haute personnalité de Jésus. La création du Christianisme est bien son œuvre. C'est parce qu'il l'a voulu, parce qu'il fut immensément supérieur à tout ce qui l'entoura, que nous sommes chrétiens. Quand donc comprendra-t-on que le silence en pareille matière est bien près du dédain; que les formules abstraites qu'on applique à ces grandes œuvres, conçues et voulues par des individus, renferment une suprême injustice; que la vraie gloire des grands fondateurs est intéressée à ce qu'on parle d'eux sans la contrainte d'une fausse *loi de majesté?*

Je devais donc nommer Jésus. Ne devais-je le faire qu'en usant de formules théologiques impliquant sa divinité? Je ne le pense pas. Ne pas faire mention d'un dogme, ce n'est pas l'attaquer; une parenthèse fut introduite comme atténuation respectueuse et pour reconnaître que si quelque par le divin se montre d'une façon particulière, c'est dans le fait de Jésus (1). Le tour de phrase qu'on a incriminé est habituel aux docteurs chrétiens les plus orthodoxes. Je n'en citerai que deux exemples, qu'on ne récusera pas : le premier est de saint Pierre : « Israélites, écoutez ceci : Jésus de Nazareth, homme accrédité de Dieu près de vous (2)..... » Le second est de Bossuet : « Un homme d'une douceur admirable, singulièrement choisi de Dieu (3)... » Enfin, sans rechercher si la phrase qui m'a été reprochée n'est pas d'accord avec les sentiments des plus grands chrétiens jusqu'au quatrième siècle, qu'il me soit permis de dire que des fractions aujourd'hui existantes du Christianisme s'en déclareraient parfaitement satisfaites. Il est des chaires en France où ladite phrase pourrait être prêchée. En tout cas, la Hollande est sans contredit un pays aussi chrétien que la France, et l'Université de Leyde est la plus haute école de la théologie hollandaise. Or, il m'est bien permis de rappeler que, dans une circonstance récente, la Faculté de théologie de cette Université, par une manifestation spontanée dont je garde un profond souvenir (4), voulut bien reconnaître pour très-chrétienne la pensée où des interprètes moins autorisés des dogmes chrétiens ont vu la totale négation du Christianisme. A vrai dire, ce n'en était ni la négation ni l'affirmation. C'était la traduction en langage historique et naturel de faits que les théologiens, avec des nuances très-variées, regardent comme divins. Parler différemment, c'eût été blesser la théologie israélite, qui, dans une chaire d'hébreu, a particulièrement le droit d'être respectée. C'eût été, par dessus tout, blesser la loi fondamentale de notre établissement, qui est de n'admettre que les explications scientifiques, de n'employer que le langage de la raison. Qu'on y réfléchisse un moment, on verra que toute autre manière de parler eût été l'expression d'une opinion théologique et la négation même de l'esprit que nous sommes chargés d'entretenir.

(1) « Un homme incomparable, — si grand que, bien qu'ici tout doive être jugé au point de vue de la science positive, je ne voudrais pas contredire ceux qui, frappés du caractère exceptionnel de son œuvre, l'appellent Dieu, — ..... »

(2) *Act.*, II, 22. Comp. *Luc*, XXIV, 19. *Matth.*, IX, 8.

(3) *Histoire universelle*, IIe partie, ch. IV.

(4) Voir les correspondances hollandaises du *Siècle* (17 mai) et du *Temps* (4 juin).

V

Comment j'ai dû parler des origines du Christianisme en dehors de toute formule surnaturelle.

Le principe essentiel de la science, en effet, c'est de faire abstraction du surnaturel. Aucun fait ne prouve qu'il y ait une force supérieure à l'homme, intervenant par des actions particulières dans le tissu des phénomènes du monde. En d'autres termes, il n'y a pas un seul cas de *miracle* prouvé. Il ne se passe de miracles qu'aux époques où l'on y croit, et devant des gens disposés à y croire. Comme l'a dit excellemment M. Littré : « Une expérience, que rien n'est jamais venu contredire, a enseigné à l'âge moderne que tout ce qui se racontait de miraculeux avait constamment son origine dans l'imagination qui se frappe, dans la crédulité complaisante, dans l'ignorance des lois naturelles. Quelque recherche qu'on ait faite, jamais un miracle ne s'est produit là où il pouvait être observé et constaté. Jamais, dans les amphithéâtres d'anatomie et sous les yeux des médecins, un mort ne s'est relevé et ne leur a montré, par sa seule apparition, que la vie ne tient pas à cette intégrité des organes qui, d'après leurs recherches, fait le nœud de toute existence animale, et qu'elle peut encore se manifester avec un cerveau détruit, un poumon incapable de respirer, un cœur inhabile à battre. Jamais, dans les plaines de l'air, aux yeux des physiciens, un corps pesant ne s'est élevé contre les lois de la pesanteur, prouvant par là que les propriétés des corps sont susceptibles de suppressions temporaires, qu'une intervention surnaturelle peut rendre le feu sans chaleur, la pierre sans pesanteur et le nuage orageux sans électricité. Jamais, dans les espaces inter-cosmiques, aux yeux des astronomes, la terre ne s'est arrêtée dans sa révolution diurne, ni le soleil n'a reculé vers son lever, ni l'ombre du cadran n'a manqué de suivre l'astre dont elle marque les pas; et les calculs d'éclipses, toujours établis longtemps à l'avance et toujours vérifiés, témoignent qu'en effet rien de pareil ne se passe dans les relations des planètes et de leur soleil. Ainsi a parlé l'expérience perpétuelle (1). »

Voilà la loi sans laquelle toutes nos recherches sont vaines, et sans laquelle en particulier toutes les sciences historiques sont frappées de stérilité. Dans l'ordre des faits, ce qui n'est pas expérimental n'est pas scientifique. La condition même de la science est de croire que tout est explicable naturellement, même l'inexpliqué. Pour la science, une explication surnaturelle n'est ni vraie ni fausse ; ce n'est pas une explication. Il est superflu de la combattre, parce qu'une telle hypothèse correspond à un tout autre état de l'esprit humain qu'à celui qui a définitivement prévalu depuis que le principe d'induction est devenu l'axiome fondamental qui règle nos actes et nos pensées.

Ce principe, chers confrères, vous l'appliquez tous les jours sans fléchir. Chacune de vos leçons suppose le monde invariable. Tout calcul est une impertinence, s'il y a une force changeante qui peut modifier à son gré les lois de l'univers. Si des hommes réunis et priant ont le pouvoir de produire la pluie ou la sécheresse; si on venait dire au météorologiste : « Prenez garde, vous cherchez des lois naturelles là où il n'y en a pas; c'est une divinité bienveillante ou courroucée qui produit ces phénomènes que vous croyez naturels; » la météorologie n'aurait plus de raison d'être. Si on venait dire au physiologiste et au médecin : « Vous cherchez la raison des maladies et de la mort. Vous êtes aveugles; c'est Dieu qui frappe, guérit, tue; » le physiologiste et le médecin répondraient : « Je cesse mes recherches, adressez-vous au thaumaturge. » Si l'on disait au géologue: «Vous recherchez les lois de la formation du monde : vous vous trompez dès le point de départ ; il y a six ou sept mille ans, Dieu a créé le monde par un acte direct ; » la géologie est supprimée. Il en est de même en histoire. S'il y a une histoire en dehors des lois qui régissent le reste de l'humanité, s'il y a une histoire interdite à la critique et mise à part comme divine, il n'y a plus de science historique. C'est comme si la physique était libre en toutes ses parties, sauf sur la théorie de la lumière; la chimie libre en tout, excepté sur les composés organiques. Les sciences historiques ne diffèrent en rien par la méthode des

(1) Préface de la seconde édition de la traduction de *la Vie de Jésus*, p. V-VI.

sciences physiques et mathématiques : elles supposent qu'aucun agent surnaturel ne vient troubler la marche de l'humanité ; que cette marche est la résultante immédiate de la liberté qui est dans l'homme et de la fatalité qui est la nature ; qu'il n'y a pas d'être libre supérieur à l'homme auquel on puisse attribuer une part appréciable dans la conduite morale, non plus que dans la conduite matérielle de l'univers.

De là cette règle inflexible, base de toute critique, qu'un événement donné pour miraculeux est nécessairement légendaire. Dans les histoires profanes, cela est accepté sans aucune difficulté. Rollin ne croit pas aux prodiges racontés par Tite-Live. Les miracles permanents des temples de la Grèce, rapportés par Pausanias, sont universellement regardés comme des fables. Pourquoi l'histoire des Juifs est-elle traitée d'une autre manière ? L'induction est ici d'une accablante simplicité. Aucun homme éclairé n'admet les miracles qui sont censés se passer de nos jours ; des sectaires seuls admettent des miracles qui se seraient passés au dix-septième et au dix-huitième siècle ; on n'est pas taxé de grande hardiesse pour réduire à la légende ce qu'on raconte de saint François d'Assise et des saints du moyen âge. Pourquoi le siècle d'Auguste et de Tibère ferait-il exception ? Les lois du monde étaient alors ce qu'elles sont aujourd'hui. La science doit donc chercher à expliquer tout ce qui s'est passé sous Auguste et Tibère par les mêmes lois qu'elle applique au reste de l'histoire. Libre au théologien orthodoxe de soutenir que ces explications sont insuffisantes, et de chercher à prouver, dans ses livres et ses chaires, que les miracles chrétiens et juifs sont véritables. Nous ne lui répondrons pas. Nous attendons qu'on nous montre un miracle se passant dans des conditions scientifiques, devant des juges compétents. Nous ne nions pas, nous attendons.

Il ne s'agit pas ici, en effet, de métaphysique ; il s'agit de faits à constater. Or, il est certain que jamais miracle n'a eu lieu dans les conditions voulues pour créer une conviction rationnelle. Au lieu de se passer devant des gens crédules, étrangers à toute idée scientifique, ils devraient se passer devant des commissions composées d'hommes spéciaux, variant les conditions, comme on le fait dans les expériences de physique, réglant elles-mêmes le système de précautions, et forçant le thaumaturge à opérer dans les circonstances posées par elles. Toutes les expériences des thaumaturges de nos jours, qui réussissent si bien devant les gens du monde, échouent dans ces conditions-là. Ce qui fait que les magnétiseurs ont toujours récusé le jugement de l'Académie des Sciences, c'est que l'Académie élevait la prétention parfaitement légitime de régler elle-même ses précautions, ainsi que le matériel de l'expérience. Constater le caractère d'un fait, n'est pas donné à tous; cela exige une forte discipline de l'esprit et l'habitude des expériences scientifiques. Dans tous les miracles qu'on raconte du passé, aucune de ces conditions n'est réalisée. Outre que les textes historiques qui nous les racontent prêtent à une foule de réserves, le public devant lequel ils se passent est étranger à la science et incompétent pour juger si vraiment les lois de la nature ont été violées; en outre, ils ont tous un vice radical : le thaumaturge règle les conditions du miracle, choisit son public. Aucun fait constaté scientifiquement ne démontrant que le miracle ait jamais eu place dans l'histoire, pourquoi imposer au professeur de sciences historiques une restriction que ne connaît pas le professeur de sciences physiques? Pourquoi lui interdire de qualifier les choses selon leur apparence naturelle et lui imposer, sur des chapitres essentiels, ou le silence, ou un langage dénué de sens positif.

Voilà le point de vue où j'étais quand j'écrivais cette première leçon, qui, à mes yeux, n'était nullement une attaque contre un dogme établi, mais tout simplement un exposé historique de faits dont je croyais avoir le droit de parler. Je n'ai pas pris mon sujet en théologien, je l'ai pris en historien : or, pour l'historien, pas plus que pour le physicien et le chimiste, il n'y a de miracles; il y a des faits, des causes et des lois. Ma façon de parler des origines du Christianisme ne fut pas la discussion directe d'un dogme ou d'un enseignement théologique; ce fut de l'histoire indépendante, n'aspirant ni à contredire le théologien ni à le contenter. N'est-il pas évident, en effet, que toute histoire deviendrait impossible s'il fallait s'obliger, en la faisant, à satisfaire tous les cultes admis par l'État?

L'État moderne n'a plus de dogme théologique officiel. Il n'est ni athée, ni irréligieux, ainsi qu'on le répète souvent; il est même essentiellement religieux, puisqu'il suppose le droit et le devoir, qu'il admet le serment, qu'il respecte la mort, qu'il croit à la sainteté du mariage. Mais il n'impose aucune forme particulière de croyance. Il reconnaît seulement certains cultes, auxquels il garantit la liberté et le respect. Que veut dire cette garantie?

Est-ce un engagement de ne jamais laisser parler en public d'une manière qui ne soit pas conforme aux dogmes des cultes reconnus? Non assurément, puisque l'État garantit également le judaïsme, le catholicisme et le protestantisme, qui, sur des dogmes essentiels, sont en contradiction directe. Le juif est obligé de nier la divinité de Jésus-Christ; le catholique est obligé de tenir le protestantisme pour une rébellion impie; le protestant est obligé d'attaquer le catholicisme comme superstitieux. Que peut l'État au milieu de ces affirmations opposées? Laisser dire, empêcher les violences, les outrages publics (1), et assurer à chaque culte sa pleine liberté d'exposition, de discussion et d'anathèmes.

Outre les cultes, l'État salarie des établissements scientifiques étrangers à toute religion particulière. Aucune chaire de ces établissements n'est directement religieuse; mais il en est très-peu où le professeur ne soit amené par les nécessités de son sujet à des contacts avec la religion. La religion, en effet, touche à tout; elle a une philosophie, une histoire, une théorie de l'art, une géologie, une astronomie, une critique. Demander à la science de ne pas s'occuper des choses dont s'occupe la religion, c'est lui demander de ne pas être. Qu'est-ce qu'un historien libre, à condition de ne jamais dire un mot du plus grand des problèmes historiques, de celui qui est la clef de tous les autres? Qu'est-ce qu'une philologie libre, à condition que l'enseignement de la plus curieuse des langues savantes soit soumis à l'inspection du théologien? Qu'est-ce qu'une philosophie libre, à condition d'être toujours d'accord avec les dogmes d'un des cultes reconnus? Que reste-t-il de permis dans un tel système? Une science enfantine, passe-temps d'oisifs ou d'esprit blasés, une petite histoire de mesquines curiosités, une petite archéologie de chétif aloi, une petite érudition, amusante sans doute,

(1) Il est clair que la discussion ou la négation ne peuvent être considérées comme des outrages. La loi protége aussi chaque citoyen individuellement contre l'outrage; s'ensuit-il que la loi interdit de discuter ou de nier les opinions professées par chaque citoyen?

mais sans portée. Si la science n'est que cela, je ne vois pas pourquoi on fait figurer au budget cet innocent divertissement. Tout a un sens au point de vue de la grande science libre; tout est puéril, s'il n'est pas permis de rattacher chaque détail de ce qu'on peut savoir à la seule chose qu'il importe de savoir.

La liberté est ainsi la grande solution de tous les problèmes de l'ordre intellectuel et religieux. Pourquoi ne pas s'en contenter? Pourquoi demander à l'État une protection pour des dogmes particuliers? Pourquoi ne pouvoir entendre des opinions qu'on ne partage pas, sans chercher à imposer silence à celui qui parle, sans demander à l'État de le faire taire? La science est plus modeste. Elle ne réclame pas de lois contre les attaques ou les outrages. Les attaques, elle les appelle; car la discussion est son essence. Les outrages, elle en sourit. Elle n'a pas besoin d'une terre à elle pour être libre; elle n'est pas une société à côté d'une autre société, une puissance du monde traitant diplomatiquement les choses de l'esprit, forçant les gouvernements à des compromis, concluant ses ligues séparées. Elle trouve juste que l'État lui ouvre des chaires, en souvenir des anciennes fondations qu'il a absorbées, et parce qu'un des premiers devoirs de l'État est de favoriser ce qui est grand. Mais elle repousse tout ce qui ressemblerait à un enseignement d'État. L'État, en nommant le professeur, ne considère qu'une seule chose, sa capacité, attestée par des présentations ou des épreuves; il ne doit pas s'enquérir de ses doctrines; il n'en est nullement responsable. Le professeur public n'est pas l'État enseignant: il enseigne dans un établissement soutenu par l'État en vue de la discussion libre, et sur un brevet de capacité décerné par l'État; voilà tout. L'État n'a pas de doctrine particulière, tel est l'axiome fondamental auquel on revient toujours quand on veut fonder, dans les matières intellectuelles, le droit des individus, c'est-à-dire la liberté.

VI

Qu'on n'est pas irréligieux pour essayer de séparer la religion du surnaturel.

Voilà, savants collègues, comment j'entends ma justification scientifique, et si je n'étais préoccupé que de mon apologie comme professeur, je devrais m'arrêter ici. Mais j'ai un autre souci. Au-dessus des devoirs de professeur, il y a les devoirs d'homme. Je ne me consolerais pas, si je croyais n'être en règle qu'avec les premiers.

Ceux-là ne me connaissent guères qui pensent que je veux diminuer la somme de religion qui reste encore en ce monde. Plus j'avance dans la vie, plus je me rattache au seul problème qui garde toujours son sens profond et sa séduisante nouveauté. Un infini nous déborde et nous obsède. Éclosions d'un moment à la surface d'un océan d'êtres, nous nous sentons, avec l'abîme, notre père, une mystérieuse affinité. Dieu ne se révèle pas par le miracle; il se révèle par le cœur, où un gémissement inénarrable, comme dit saint Paul, s'élève sans cesse vers lui. C'est ce sentiment de rapports obscurs avec l'infini, d'une filiation divine, qui, gravé dans chaque homme en traits de feu, est ici-bas la source de tout bien, la raison d'aimer, la consolation de vivre. Jésus est à mes yeux le plus grand des hommes, parce qu'il a fait faire à ce sentiment un progrès auquel nul autre ne saurait être comparé. Sa religion renferme le secret de l'avenir. Ne croyez pas que je rêve l'œuvre funeste de venir, sous prétexte d'une froide exactitude, diminuer ce foyer de chaleur qui vit encore au cœur de l'humanité et constitue la meilleure part de ce qu'il y a en elle de noble et de bon.

Jusqu'ici, la religion n'a pas existé sans surnaturel. Loin qu'il faille en être surpris, c'est le contraire qui eût été un vrai miracle. L'idée des lois de la nature, si admirablement formulée dans l'antiquité par les écoles philosophiques, ne put jamais chez le grand nombre prendre décidément le dessus. Le moyen âge, jusqu'au treizième siècle, l'ignore complétement. Depuis le treizième siècle jusqu'au seizième, cette idée est l'apanage de quelques penseurs isolés. Au dix-septième siècle, Galilée, Descartes, Huyghens, Newton, par leur explication mécanique du monde, lui donnent une solidité inébranlable; mais ce n'est qu'à la fin du dix-huitième siècle qu'on la voit gagner une portion considérable de l'humanité et passer à l'état de croyance très-générale. En l'absence d'une telle idée, les rapports de Dieu et de l'homme ne pouvaient être conçus que d'une manière concrète et matérielle. Jésus, à cet égard, ne fit pas exception. Ses idées en physiologie ne furent pas supérieures à celles de ses contemporains ; il croyait comme tout le monde que les maladies nerveuses venaient de l'action des démons ; il n'était pas venu donner au monde des leçons de physique. Révélation et miracles furent ainsi, dans l'antiquité, des parties inséparables de toutes les créations religieuses et même politiques ou sociales. Que ce soit là une association devenue aujourd'hui dangereuse, on le voit sans peine. S'il est un fait évident, en effet, c'est que la croyance au surnaturel s'affaiblit de toutes parts. Dans les classes éclairées, cette croyance est battue en brèche par deux ordres d'études qui, toutes deux, excluent le miracle : les études de la nature, qui nous montrent un ordre fatal là où les anciens théologiens voyaient l'exercice de volontés libres, et les sciences historiques, qui remplacent par des explications tout humaines et par une exégèse rationaliste, les anciennes interprétations mystiques des textes et des faits. Chassé ainsi de la nature et de l'histoire, le surnaturel fuit en quelque sorte. Les catholiques sérieux d'autrefois (Bénédictins, Jansénistes) n'admettaient guère que les miracles bibliques ; les protestants se laissèrent réduire de bonne heure à ne défendre que ceux de l'Évangile. Le surnaturel est devenu comme une tache originelle dont on a honte ; les personnes, même les plus religieuses, n'en veulent plus qu'un *minimum ;* on cherche à faire sa part aussi petite que possible ; on le cache dans les recoins du passé. Conserve-t-il plus de créance dans les classes peu instruites et peut-on espérer de voir une solide foi religieuse s'asseoir de nouveau sur ces illusions? Non, certes. Les pays et les classes où l'on y croit sont d'importance secondaire. L'ouvrier des villes n'y croit pas. Chose étrange? L'ouvrier devine tout d'abord, avec une pénétration surprenante, le résultat le plus élevé de la science moderne. L'idée de la nature prend bien plus vite racine chez lui que chez les personnes qui ont reçu une demi-culture littéraire, laquelle se concilie souvent avec beaucoup de paresse d'esprit et de préjugés.

Qu'on s'en réjouisse ou qu'on le regrette, le surnaturel disparaît de ce monde ; il n'obtient plus de foi sérieuse que dans les classes qui ne sont pas au courant de leur siècle. Faut-il que la religion s'écroule du même coup? Non, non. La religion est éternelle. Le jour où elle disparaîtrait, ce serait le cœur même de l'humanité qui se dessècherait. La religion est aussi éternelle que la poésie, aussi éternelle que l'amour; elle survivra à la destruction de toutes les illusions, à la mort de l'objet aimé. Mais que dis-je? Son objet aussi est éternel. Jamais l'homme ne se contentera d'une destinée finie; sous une forme ou sous une autre, toujours un ensemble de croyances exprimant la valeur transcendante de la vie et la participation de chacun de nous aux droits de fils de Dieu, fera partie des éléments essentiels de l'humanité.

Transporter la religion par delà le surnaturel, séparer la cause à jamais triomphante de la religion de la cause perdue du miracle, c'est donc rendre service à la religion ; c'est la détacher d'un vaisseau qui périt ; c'est épargner aux âmes les angoisses de ces moments de transition où le naufrage des dieux qui s'en vont a l'air d'entraîner aussi le naufrage du divin, où ce sont les âmes les plus sincères qui croient être irréligieuses, où c'est l'homme le plus pieux qui se déclare athée. Je le dis avec confiance : un jour la sympathie des âmes vraiment religieuses sera pour moi. Elles verront bien qu'un sentiment de profond respect pour la religion était au fond de cette franchise absolue qui n'admet pas que la vérité ait besoin des mensonges de la politique. J'ai cru à toutes les révélations qui sont au fond du cœur de l'homme ; jamais l'une d'elles ne m'a empêché d'écouter l'autre. J'ai toujours pensé que leurs contradictions n'étaient qu'apparentes et que le parti d'imposer silence à la raison critique, au nom des instincts moraux et religieux, n'avait rien de respectueux pour la divinité. L'esprit scientifique n'est pas, pour la religion ainsi conçue, un ennemi dont il faille se défier. Il fait partie de la religion même, et sans lui on ne saurait être un véritable adorateur.

Voilà en quel sens, savants collègues, j'estime, en suivant une ligne purement scientifique, servir la cause de la vraie religion, j'ajouterai même la cause du Christianisme ; car dans ma pensée le Christianisme, tel qu'il résulte des discours et du type moral de son fondateur, comprend le germe de tous les progrès. A part l'esprit scientifique, dont Jésus ne pouvait avoir aucun élément, rien ne manque à sa religion pour être le pur royaume de Dieu. Toute l'Europe éclairée marche vers cet idéal, susceptible d'épurations indéfinies. Le dix-neuvième siècle ne verra pas, comme on l'a dit souvent, la fin de la religion de

Jésus; il verra la fin de la religion de Mahomet, la fin de la religion temporelle, inséparable de la politique, et le plein épanouissement de la religion de Jésus, de la religion de l'esprit.

J'ai vu la mort de très-près. J'ai perdu le goût de ces jeux frivoles où l'on peut prendre plaisir quand on n'a pas encore souffert. Les soucis de pygmées, dans lesquels s'use la vie, n'ont plus beaucoup de sens pour moi. J'ai au contraire rapporté du seuil de l'infini une foi plus vive que jamais dans la réalité supérieure du monde idéal. C'est lui qui est, et le monde physique qui paraît être. Fort de cette conviction, j'attends l'avenir avec calme. La conscience de bien faire suffit à mon repos, Dieu m'ayant donné pour tout ce qui est étranger à ma vie morale une parfaite indifférence. Vouloir m'arrêter est puéril. Je puis dire avec un de nos anciens collègues : « Ce que dix d'entre vous ne veulent pas entendre, demain dix mille le liront. » Je ne suis pas assez dénué de communications avec le public éclairé pour que ceux qui ont demandé que le silence me fût imposé y gagnent quelque chose. Puissent-ils n'y rien perdre et ne pas regretter un jour d'avoir traité en ennemi un loyal dissident! Je leur ferai du moins un souhait : c'est qu'ils n'aient jamais que des adversaires comme moi, — des adversaires que les injures et les violences ne convertissent ni n'aigrissent, — des adversaires dont on n'obtienne pas plus facilement un moment de colère qu'un acte de foi, — des adversaires assez froids pour réclamer, en faveur des doctrines mal comprises qu'on leur oppose, l'admiration, la sympathie et par dessus tout la liberté.

Agréez, Messieurs et savants collègues, l'assurance des sentiments de haute estime avec lesquels j'ai l'honneur d'être

Votre tout dévoué serviteur,

E. RENAN.

TABLE DES MATIÈRES

www.ingramcontent.com/pod-product-compliance
Ingram Content Group UK Ltd.
Pitfield, Milton Keynes, MK11 3LW, UK
UKHW032026260826
14628UKWH00006B/2758

9 782019 672706